6381, bul. St-lurent

Anne Cazor & Christine Liénard

MON KIT DE CUISINE MOLÉCULAIRE

28 RECETTES

Stylisme de Marion Guillemard
Photographies de Julien Attard

MARABOUT

Introduction

La science explore le monde, recherche les mécanismes de phénomènes naturels. La gastronomie moléculaire est une discipline scien-
tifique qui étudie les transformations culinaires, et les phénomènes
de la gastronomie en général. Cette discipline fait partie des sciences
des aliments.

La technologie utilise les connaissances scientifiques pour en tirer des
applications. Dans le domaine qui nous concerne, la technologie culi-
naire utilise les connaissances de la gastronomie moléculaire et des
différentes sciences des aliments pour trouver de nouvelles applications en cuisine.

La cuisine, mélange entre art et technique, est indissociable du goût,
de la qualité des produits et du savoir-faire du cuisinier. Si, à cela,
une démarche de compréhension est intégrée, on parle de cuisine
moléculaire. Cette cuisine utilise les applications issues de la technologie pour la création de nouveaux plats, de nouvelles textures, de
nouvelles saveurs, de nouvelles sensations...

Sommaire

Sommaire

Les ingrédients

Comme vous pourrez le découvrir dans ce livre, nous allons vous proposer d'utiliser des agents de texture (agar-agar, alginate de sodium...). Les agents de texture sont utilisés pour leurs caractéristiques particulières : pour répondre à un cahier des charges, à une idée bien définie, leur utilisation est parfois nécessaire. Nous ne pourrions pas, par exemple, obtenir un gel qui tienne à chaud en utilisant de la gélatine ; en revanche, l'agar-agar le permet.

Les ingrédients spécifiques proposés dans ce livre sont des additifs alimentaires. Un additif alimentaire est une substance, dotée ou non d'une valeur nutritionnelle, qui est ajoutée intentionnellement à un aliment dans un but précis d'ordre technologique, sanitaire, organoleptique ou nutritionnel.

Aucune limite quantitative réglementaire n'est actuellement fixée pour les additifs alimentaires utilisés dans les recettes de ce livre, excepté le carraghénane (dose journalière admissible de 75 mg/kg de poids corporel). Ils doivent donc être utilisés, selon les bonnes pratiques de fabrication, qu'à la dose strictement nécessaire pour obtenir l'effet technologique souhaité (quantum satis). La consommation des additifs alimentaires est à éviter chez les enfants de moins de 6 ans.

Agar-agar

Gélifiant extrait d'algues rouges.
Il est largement utilisé dans la cuisine asiatique et permet d'obtenir des gels cassants qui tiennent à chaud (à des températures inférieures à 80 °C).
Code européen E406.
Dosage recommandé : 1 % (1 g pour 100 g de préparation).

Alginate de sodium

Épaississant-gélifiant extrait d'algues brunes.
Il permet d'augmenter la viscosité d'une préparation pauvre en calcium et il est utilisé, en présence de calcium, pour la technique de sphérification.
Code européen E401.
Attention : jeter les préparations à base d'alginate de sodium à la poubelle, et non dans les canalisations pour ne pas les obstruer (l'alginate de sodium gélifie au contact du calcium contenu dans l'eau du robinet).
Dosage recommandé : 1 % (1 g pour 100 g de préparation).

Carraghénane

Gélifiant extrait d'algues rouges.
Il permet d'obtenir des gels élastiques qui tiennent à chaud (à des températures inférieures à 65 °C).
La dose journalière admissible est fixée à 75 mg/kg de poids corporel.
Code européen E407.
Dosage recommandé : 1 % (1 g pour 100 g de préparation).

Gélatine

Gélifiant d'origine animale. Il permet d'obtenir des gels élastiques qui fondent en bouche.
Code européen E441.
Dosage recommandé : 3 % (3 g pour 100 g de préparation).

Sel de calcium

Source de calcium (lactate et/ou gluconolactate de calcium).
Il permet d'enrichir des préparations en calcium et il est utilisé pour la technique de sphérification.
Code européen E327-E578.
Dosage recommandé : 1 % (1 g pour 100 g de préparation).

Les techniques

L'émulsion

Une émulsion est une dispersion de deux liquides non miscibles (qui ne se mélangent pas). Le liquide dispersé prend la forme de gouttelettes dans l'autre liquide. En alimentaire, les émulsions les plus connues sont les émulsions d'huile dans l'eau. Elles ne sont pas stables car les deux liquides finissent par se séparer.

En revanche, les molécules ayant des propriétés tensioactives (la lécithine de soja, les phospholipides, certaines protéines telles que la gélatine, etc.) permettent de stabiliser les émulsions en se plaçant entre les gouttelettes du liquide dispersé et l'autre liquide, ce qui empêche les deux liquides de se séparer.

Le gel fondant

Un gel est un liquide emprisonné dans un réseau. Ce réseau peut être composé de protéines (telles que la gélatine, les protéines de l'œuf, etc.) ou de polysaccharides (notamment l'agar-agar, les carraghénanes, etc.). La gélatine est une protéine extraite de la viande ou du poisson. Cette protéine a des propriétés gélifiantes, qui permettent le passage d'une structure liquide à une structure « gel » par la formation d'un réseau entre les protéines de gélatine. La gélatine se dissout dans des préparations chaudes (à des températures supérieures à 50 °C), et gélifie à des températures d'environ 10 °C. Si le gel est réchauffé à plus de 37 °C, il fond.

Si, lors de la formation du gel de gélatine, on incorpore de l'air dans la préparation, les bulles d'air sont stabilisées (la gélatine se place entre l'eau et les bulles d'air) et la préparation va gélifier en refroidissant. Le gel formé bloque les bulles d'air à l'intérieur du réseau. On obtient ainsi une mousse gélifiée.

Le gel cassant

L'agar-agar est un gélifiant extrait d'algues rouges. Contrairement à la gélatine (protéine), ce gélifiant est un polysaccharide (molécule constituée de sucres). Il se dissout à chaud dans des préparations contenant de l'eau : une ébullition de 1 à 3 minutes est conseillée. La préparation gélifie à 35 °C environ. Les gels d'agar-agar sont cassants et légèrement opaques. Si le gel d'agar-agar est réchauffé à plus de 80 °C, il fond.

Le gel élastique

Le carraghénane est un gélifiant extrait d'algues rouges. Contrairement à la gélatine (protéine), ce gélifiant est un polysaccharide (molécule constituée de sucres). Il se dissout à chaud dans des préparations contenant de l'eau à 80 °C ; d'un point de vue pratique, la préparation est portée à ébullition. La préparation gélifie à 40 °C environ. Les gels de carraghénane sont élastiques et transparents. Si le gel de carraghénane est réchauffé à plus de 65 °C, il fond.

La sphérification

La sphérification consiste à mettre une préparation liquide sous forme de sphères. Cette technique peut être réalisée grâce à l'utilisation d'alginate de sodium (gélifiant extrait d'algues brunes) qui a la propriété de gélifier en présence de calcium. Ces gels résistent à chaud. Deux méthodes permettent d'obtenir ces sphères :
- La sphérification normale : l'alginate de sodium est solubilisé dans la préparation que l'on veut sphérifier, puis la préparation est plongée dans un bain de calcium. Une pellicule gélifiée se forme alors instantanément en surface. On obtient une sphère au cœur liquide, instable dans le temps (le calcium progressant vers l'intérieur, la sphère gélifiera complètement). Ces sphères doivent donc être dégustées immédiatement après sphérification.
- La sphérification inversée : le calcium nécessaire à la gélification est contenu dans la préparation que l'on veut sphérifier. La préparation est plongée dans un bain d'alginate de sodium. Une pellicule gélifiée se forme alors instantanément en surface. On obtient une sphère au cœur liquide, stable dans le temps (une fois la sphère sortie du bain d'alginate de sodium).

La chantilly

La chantilly est une émulsion mousseuse. Pour obtenir une chantilly, l'émulsion doit contenir une matière grasse, épaisse à froid.
L'incorporation de gaz dans la préparation peut se faire soit en fouettant, soit en utilisant un siphon. Dans les deux cas, le gaz est fixé dans l'émulsion grâce à la cristallisation de la matière grasse, provoquée par une diminution de température (bain de glace ou expansion du gaz). On obtient une chantilly.

Les recettes par technique

L'émulsion

Le gel fondant

Le gel cassant

Le gel élastique

La sphérification

La chantilly

Apéro pastis
Mayonnaise au pastis, frites de poulet panées aux Curly®

░░░ 6 personnes ◐ 20 min de préparation ◔ 5 min de cuisson

Ingrédients

Pour la mayonnaise au pastis
1 jaune d'œuf
10 cl d'huile de tournesol
1 c. à s. de vinaigre de vin
3 c. à c. de pastis
Sel, poivre

Pour les frites de poulet
600 g d'escalopes de poulet
2 gros paquets de cacahuètes
  soufflés (type Curly®)
2 œufs
200 g de farine
4 c. à s. d'huile de tournesol
Sel, poivre

Mode opératoire

La mayonnaise au pastis
◦ Mélanger le jaune d'œuf et le vinaigre. Saler, poivrer.
◦ Verser l'huile dans la préparation en fouettant vigoureusement, par petites quantités au début. Lorsque la mayonnaise commence à prendre, ajouter l'huile restante par plus grosses quantités.
◦ Ajouter le pastis à la fin, en continuant de fouetter. Rectifier l'assaisonnement.

Les frites de poulet panées aux Curly®
◦ Réduire les Curly® en poudre (à la main ou à l'aide d'un pilon).
◦ Ajouter du sel et du poivre.
◦ Couper les escalopes de poulet en bâtonnets.
◦ Passer les bâtonnets de poulet dans la farine, puis les tremper dans les œufs battus. Les rouler ensuite dans la chapelure de Curly®.
◦ Les cuire dans l'huile à la poêle, à feu moyen, pendant 5 minutes, en les retournant de temps en temps.

L'apéro pastis
◦ Servir immédiatement les frites de poulet panées aux Curly®, accompagnées de la mayonnaise au pastis.

Exploration

La matière grasse (l'huile) est dispersée dans l'eau (contenue dans le jaune d'œuf et le vinaigre), sous formes de petites gouttelettes. Les tensioactifs (protéines du jaune d'œuf) stabilisent l'émulsion en se plaçant entre les gouttelettes d'huile et l'eau. L'huile doit d'abord être ajoutée par petites quantités pour former l'émulsion « huile dans eau ». Si la quantité d'huile incorporée au départ est trop importante, l'émulsion formée sera de type « eau dans huile » et la mayonnaise ne prendra pas.

Clubothon
Sandwich thon rouge, mayonnaise au blanc d'œuf sésame-martini

6 personnes   10 min de préparation   30 min de repos (facultatif)

Ingrédients

Pour la mayonnaise au blanc d'œuf
1 blanc d'œuf
7 cl d'huile de tournesol
3 cl d'huile de sésame
2 cl de martini rouge
Sel, poivre

Pour le sandwich thon rouge
200 g de thon rouge
10 cl de martini rouge (facultatif)
12 tranches de pain de mie
Graines de sésame grillées

Mode opératoire

La mayonnaise au blanc d'œuf sésame-martini
- Mélanger le blanc d'œuf et le martini rouge au fouet. Saler, poivrer.
- Verser le mélange huile de tournesol et huile de sésame dans la préparation en fouettant vigoureusement, par petites quantités au début. Lorsque la mayonnaise commence à prendre, ajouter l'huile restante par plus grosses quantités.
- Rectifier l'assaisonnement.
- Réserver au réfrigérateur.

Les sandwichs thon rouge
- Détailler le thon rouge cru en petits cubes.
- Dans un bol, verser le martini rouge et ajouter les cubes de thon rouge. Placer le bol au réfrigérateur et laisser mariner pendant 30 minutes (cette étape est facultative pour les amateurs de poisson cru).
- À l'aide d'un emporte-pièce, découper 12 carrés de 7 à 8 cm de côté dans les tranches de pain de mie.

Les clubothons
- Monter les sandwichs : étaler une couche de mayonnaise sur un carré de pain de mie, déposer une couche épaisse de cubes de thon rouge (bien égouttés si marinés) par-dessus et recouvrir d'un autre carré de pain de mie.
- Parsemer chaque sandwich de graines de sésame grillées puis servir.

Exploration

En l'absence de matières grasses, les tensioactifs (les protéines du blanc d'œuf) fixent l'air incorporé lors du fouettage : on obtient une mousse. Si l'on incorpore de la matière grasse (l'huile), les protéines du blanc d'œuf se placeront entre l'eau (contenue dans le martini et le blanc d'œuf) et la matière grasse, plutôt qu'entre l'eau et les bulles d'air, et la mousse retombera en partie. On obtient une mayonnaise aérée.

Gaspacho Nord-Sud
Gaspacho fraises-pesto-cidre, coulis de fraises

6 personnes · 10 min de préparation · 3 h de réfrigération

Ingrédients

Pour le gaspacho

200 g de fraises
40 g de madeleines
20 g de pignons de pin
6 grosses feuilles de basilic frais
5 cl d'huile d'olive
2 cl de vinaigre de cidre
10 cl de cidre doux

Pour le coulis de fraises

100 g de fraises
Sucre en poudre

Mode opératoire

Le gaspacho fraises-pesto-cidre
- Dans un saladier, mélanger grossièrement les fraises coupées en gros morceaux ainsi que les madeleines, les pignons, les feuilles de basilic déchirées à la main, le vinaigre de cidre et l'huile d'olive. Couvrir et placer au réfrigérateur au moins 3 heures.
- Émulsionner la préparation au mixeur, puis diluer avec le cidre doux.
- Mixer de nouveau.

Le coulis de fraises
- Mixer les fraises.
- Sucrer le coulis obtenu selon le goût.

Les gaspachos Nord-Sud
- Remplir chaque verrine de gaspacho. Recouvrir d'une couche de coulis de fraises.
- Servir frais.

Exploration

La matière grasse (l'huile majoritairement) est dispersée dans l'eau (contenue dans les fraises, le vinaigre, le cidre, etc.), sous forme de gouttelettes. Les phospholipides (tensioactifs contenus dans les membranes de cellules végétales) stabilisent l'émulsion en se plaçant entre les gouttelettes d'huile et l'eau. La quantité d'huile par rapport à celle d'eau est trop faible pour apporter une fermeté à l'émulsion « huile dans eau ». La consistance épaisse du gaspacho est due à l'incorporation d'éléments solides (purée de fraises, madeleines, etc.).

Pshitt pshitt pshitt
Vinaigrette suave, vinaigrette marocaine et vinaigrette japonaise

ooooo 6 personnes ⏱ 15 min de préparation ⏱ 4 min de cuisson

Ingrédients

Pour la vinaigrette suave
2 cl de vinaigre balsamique
2 cl de jus de fraise
2 cl d'huile de tournesol
20 g de chocolat noir corsé
5 g de sucre en poudre

Pour la vinaigrette marocaine
6 cl de pur jus d'orange
2 cl d'huile d'olive
1 c. à s. de miel liquide
1 c. à c. de moutarde
1 pincée de cumin en poudre

Pour la vinaigrette japonaise
5 cl de lait de coco
2 cl d'huile d'olive
20 g de chocolat blanc
5 g de sucre en poudre
1 c. à c. rase de wasabi en poudre
2 gouttes de colorant alimentaire vert

Mode opératoire

La vinaigrette suave
○ Faire fondre le chocolat noir corsé coupé en morceaux dans un bol, au bain-marie ou au four à micro-ondes (2 minutes environ à 600 watts). Bien mélanger jusqu'à obtenir une texture lisse.
○ Ajouter le vinaigre balsamique en fouettant, puis le jus de fraise et le sucre en poudre.
○ Verser l'huile de tournesol en filet dans la préparation en fouettant vigoureusement.
○ Servir en tant qu'assaisonnement d'une salade de fruit(s) rouge(s) (fraises, framboises, etc.).

La vinaigrette marocaine
○ Mélanger la moutarde et le jus d'orange au fouet.
○ Verser l'huile d'olive en filet dans la préparation en fouettant vigoureusement. Ajouter le miel liquide et le cumin en poudre en fouettant à nouveau.
○ Servir en tant qu'assaisonnement de carottes râpées.

La vinaigrette japonaise
○ Faire fondre le chocolat blanc coupé en morceaux dans un bol, au bain-marie ou au four à micro-ondes (2 minutes environ à 600 watts). Bien mélanger jusqu'à obtenir une texture lisse.
○ Ajouter le lait de coco en fouettant, puis le sucre en poudre et le wasabi.
○ Verser l'huile d'olive en filet dans la préparation en fouettant vigoureusement. Ajouter le colorant vert et bien mélanger.
○ Servir en tant qu'assaisonnement d'une salade de fruit(s) exotique(s) (ananas, mangue, avocat, pamplemousse, etc.).

Remarque : La matière grasse du chocolat (noir ou blanc) cristallise à froid. Les vinaigrettes contenant du chocolat ne doivent donc pas être placées au réfrigérateur (durcissement de la préparation).

Exploration

La moutarde et le chocolat contiennent des molécules aux propriétés tensioactives (des phospholipides et de la lécithine de soja). Ces molécules stabilisent l'émulsion en se plaçant entre l'eau (contenue dans le jus d'orange, le lait de coco, le jus de fraise ou le vinaigre balsamique) et la matière grasse (contenue dans les huiles, les chocolats ou le lait de coco).

Instantanéi-thé
Cube gélifié de thé pomme betterave

20 cubes (pour 10 tasses à thé)　15 min de préparation　30 min de cuisson　20 min de repos　2 h de réfrigération

Ingrédients

45 cl de pur jus de pomme
15 cl d'eau frémissante
1 betterave cuite (125 g environ)
30 à 50 g de sucre en poudre
  (selon le goût)
2 sachets de thé Earl Grey
10 g de gélatine (5 feuilles)

Mode opératoire

- Mettre les feuilles de gélatine à tremper dans de l'eau froide pour les ramollir.
- Dans une casserole, faire réduire le jus de pomme des deux tiers de manière à obtenir 15 cl de jus de pomme concentré (30 minutes environ). Écumer si nécessaire.
- Mixer la betterave coupée en morceaux et l'eau frémissante. Laisser infuser 2 minutes et passer au chinois de manière à obtenir 15 cl de jus de betterave.
- Dans une casserole, chauffer le jus de betterave et le jus de pomme réduit.
- Aux premiers frémissements, retirer du feu et faire infuser les sachets de thé dans la préparation pendant 3 à 4 minutes, directement dans la casserole.
- Remettre la préparation à chauffer avec le sucre. Aux premiers frémissements, la retirer du feu et ajouter immédiatement la gélatine ramollie à peine essorée, en remuant au fouet.
- Couler la préparation dans un moule (de 10 cm de côté environ) sur 2 à 3 cm d'épaisseur. Laisser refroidir à température ambiante (20 minutes environ), puis placer au réfrigérateur au moins 2 heures.
- Couper la masse gélifiée obtenue en cubes. Placer 2 ou 3 cubes gélifiés de thé dans une tasse (selon le volume de la tasse et le goût) et ajouter de l'eau bouillante.
- Remuer et déguster.

Exploration

La préparation contenant de la gélatine gélifie en refroidissant. Par la suite, le gel formé se liquéfie par ajout d'eau bouillante et libère les composés aromatiques. En refroidissant, le gel ne se reformera pas, car le pourcentage de gélatine sera trop faible pour emprisonner la quantité de liquide ajoutée.

Guimauve polaire
Guimauve à la menthe glaciale enrobée de chocolat

20 guimauves ● 30 min de préparation ● 8 min de cuisson ● 1h de repos ● 2 h de réfrigération

Ingrédients

300 g de sucre en poudre
  + 1 c. à s.
20 cl de sirop de menthe glaciale
2 blancs d'œufs
16 g de gélatine (8 feuilles)
100 g de sucre glace
200 g de chocolat noir pâtissier

Mode opératoire

○ Mettre les feuilles de gélatine à tremper dans de l'eau froide pour les ramollir.

○ Dans une casserole, chauffer le sucre en poudre et le sirop de menthe glaciale, à feu moyen, puis porter à ébullition 7 à 8 minutes (le mélange va mousser).

○ Monter les blancs en neige, et ajouter la cuillère à soupe de sucre à la fin, en continuant de fouetter.

○ Retirer le sirop de menthe glaciale du feu et ajouter les feuilles de gélatine à peine essorées en remuant au fouet.

○ Verser le sirop en filet sur les blancs en neige en continuant de fouetter (au batteur électrique de préférence, à vitesse rapide) pendant au moins 5 minutes.

○ Verser la préparation dans un moule rectangulaire sur 2 à 3 cm de hauteur.

○ Laisser refroidir à température ambiante (20 minutes environ), puis placer au réfrigérateur au moins 2 heures.

○ Démouler la guimauve ainsi obtenue et saupoudrer la surface de sucre glace (pour une manipulation plus facile).

○ Couper la guimauve en gros cubes et les saupoudrer de sucre glace sur toutes les faces.

○ Faire fondre le chocolat noir au bain-marie, à feu doux, en remuant de temps en temps. Lorsque le chocolat est totalement fondu, le retirer du feu et en badigeonner les cubes de guimauve à l'aide d'un pinceau.

○ Laisser durcir dans un endroit frais et servir.

Exploration

Les blancs d'œufs (composés d'eau et de protéines) montés en neige forment une mousse. L'incorporation de la gélatine dans cette mousse permet sa gélification. On obtient une mousse gélifiée. La gélatine a été préalablement dissoute dans le sirop, et non dans les blancs d'œufs, pour ne pas risquer la coagulation des protéines du blanc d'œuf lors du chauffage. Le sirop de sucre apporte une texture collante et élastique à cette mousse gélifiée.

Chakchouka
Mousse gélifiée de jaunes d'œufs, ratatouille

4 personnes · 25 min de préparation · 35 min de cuisson · 1 h de repos · 2 h 30 de réfrigération

Ingrédients

Pour la mousse gélifiée

3 jaunes d'œufs
15 cl d'eau
½ cube de bouillon
(volaille, légumes, etc.)
6 g de gélatine (3 feuilles)

Pour la ratatouille

1 poivron vert
1 poivron rouge
4 tomates moyennes
1 gros oignon
2 gousses d'ail
3 c. à s. d'huile d'olive
2 pincées de sucre
1 c. à c. de paprika
1 c. à c. de coriandre moulue
Sel

Mode opératoire

La mousse gélifiée de jaunes d'œufs

- Mettre les feuilles de gélatine à tremper dans de l'eau froide pour les ramollir.
- Dans une casserole, chauffer l'eau et le demi-cube de bouillon.
- Aux premiers frémissements, retirer le bouillon du feu et ajouter les feuilles de gélatine à peine essorées en remuant au fouet.
- Laisser refroidir à température ambiante dans un saladier (30 minutes environ).
- Placer le saladier dans un bain d'eau froide, puis verser les jaunes d'œufs (passés au chinois) en filet sur le bouillon, tout en fouettant (au batteur électrique de préférence).
- Transférer rapidement la préparation dans des moules individuels et placer au réfrigérateur au moins 2 heures.

La ratatouille

- Couper l'oignon en rondelles, les poivrons en petits morceaux, les tomates en dés et les gousses d'ail dégermées en fines lamelles.
- Dans une poêle, faire revenir l'oignon et les poivrons salés dans l'huile d'olive, pendant 7 à 8 minutes, à feu doux et en remuant régulièrement.
- Ajouter l'ail et les épices, et cuire 2 minutes.
- Ajouter les tomates, le sucre et le sel, et cuire à demi-couvert pendant 20 minutes environ (jusqu'à évaporation presque totale du jus de cuisson). Rectifier l'assaisonnement.
- Laisser refroidir à température ambiante, puis placer au réfrigérateur.

La chakchouka

- Disposer chaque mousse gélifiée de jaunes d'œufs sur une portion de ratatouille froide et servir.

Exploration

La gélatine est dissoute dans le bouillon chaud, puis les jaunes d'œufs sont ajoutés à la préparation. La gélatine est utilisée pour ses propriétés tensioactives et gélifiantes. Elle permet, d'une part, de lier l'eau du bouillon et la matière grasse du jaune d'œuf et, d'autre part, de gélifier la mousse obtenue après fouettage de l'émulsion et refroidissement sur bain d'eau froide.

Carasel
Sel à râper, Carambar® à tartiner

🍯 1 pot de pâte à tartiner ⏱ 10 min de préparation 🍳 30 min de cuisson ⏲ 1 h de repos ❄ 30 min de réfrigération

Ingrédients

Pour le sel à râper
25 cl d'eau
15 g de sel
5 g d'agar-agar

Pour le Carambar® à tartiner
16 Carambar®
40 cl de crème liquide entière

Mode opératoire

Le sel à râper
- Dans une petite casserole, chauffer l'eau et le sel. Ajouter l'agar-agar en pluie fine et mélanger au fouet, en évitant d'incorporer trop d'air. Porter à ébullition pendant 2 minutes en remuant régulièrement.
- Retirer du feu et couler la préparation dans un petit moule.
- Laisser refroidir à température ambiante (30 minutes environ), puis placer au réfrigérateur (30 minutes environ).

Le Carambar® à tartiner
- Dans une casserole, chauffer la crème liquide entière à feu doux.
- Ajouter les Carambar® à la crème chaude et poursuivre la cuisson en remuant régulièrement jusqu'à ce que les Carambar® aient entièrement fondu.
- Laisser réduire la préparation à feu moyen en remuant régulièrement jusqu'à obtenir la consistance d'une crème épaisse (15 à 20 minutes).
- Transvaser le Carambar® à tartiner dans un pot et laisser refroidir à température ambiante (30 minutes environ).
- Conserver au réfrigérateur.

Le carasel
- Servir le Carambar® à tartiner sur des tranches de pain, avec quelques copeaux de sel râpé par-dessus.

Exploration

Dans cette recette, c'est la propriété cassante du gel d'agar-agar qui est utilisée. Les gels d'agar-agar ont une bonne tenue et ne sont pas élastiques. Il est donc facile de les râper. En bouche, ce gel ne fond pas, et permet donc d'avoir une mâche, contrairement à un gel de gélatine par exemple.

Les gels d'agar-agar tiennent à chaud (jusqu'à 80 °C) et peuvent donc être servis sur des préparations chaudes.

Nid d'abeille
Perle de miel, camembert au four

4 personnes 15 min de préparation 35 min de cuisson 10 min de repos 2 h de réfrigération

Ingrédients

Pour les perles de miel

50 g de miel liquide

5 cl d'eau

1 g d'agar-agar

50 cl d'huile de pépin de raisin
ou de tournesol très froide

Pour le camembert au four

1 camembert

Mode opératoire

Les perles de miel

- Placer l'huile de tournesol au réfrigérateur dans un récipient haut quelques heures avant la préparation de la recette.
- Dans une petite casserole, chauffer l'eau et le miel. Ajouter l'agar-agar en pluie fine et mélanger au fouet, en évitant d'incorporer trop d'air. Porter à ébullition pendant 2 minutes en remuant régulièrement.
- Retirer du feu et laisser refroidir à température ambiante pendant 10 minutes environ.
- Prélever la préparation au miel à l'aide d'une seringue ou d'une pipette, et la verser goutte à goutte dans le récipient rempli d'huile très froide.
- Récupérer les perles de miel dans une petite passoire et les rincer sous l'eau claire pour enlever l'excédent d'huile. Réserver.

Le camembert au four

- Préchauffer le four à 180 °C.
- Placer le camembert dans une feuille d'aluminium (en papillote).
- Enfourner et cuire pendant 30 minutes.

Le nid d'abeille

- Creuser une cavité au centre du camembert juste sorti du four et introduire les perles de miel.
- Servir immédiatement.

Exploration

Lorsque l'on verse une préparation aqueuse dans de l'huile, la préparation ne s'y mélange pas et prend naturellement la forme de gouttes pour des raisons physiques. Dans cette recette, c'est la rapidité de prise en gel qui est utilisée. L'utilisation d'huile très froide accélère le refroidissement de la préparation et donc la prise en gel des gouttes formées. Pour des préparations très riches en sucre, il est nécessaire de les diluer dans suffisamment d'eau pour permettre la solubilisation de l'agar-agar.

Truffe du Gers
Sucette de foie gras, enrobage muscat, panure de chocolat noir

12 | 12 sucettes ◐ 20 min de préparation ◔ 5 min de cuisson ◔ 10 min de repos ◑ 30 min de réfrigération

Ingrédients

150 g de foie gras entier
  (cuit ou mi-cuit)
50 g de chocolat noir
10 cl de muscat de Rivesaltes
  (vin liquoreux)
2 g d'agar-agar

Mode opératoire

- Râper le chocolat noir ou confectionner des petits copeaux de chocolat à l'aide d'un économe. Réserver.
- À l'aide d'une grosse cuillère à melon ou à la main, former des boules de foie gras (de 2 cm de diamètre environ). Planter un pic en bois dans chaque boule de foie gras.
- Dans une petite casserole, chauffer le muscat de Rivesaltes à feu moyen. Ajouter l'agar-agar en pluie fine et mélanger au fouet, en évitant d'incorporer trop d'air. Porter à ébullition pendant 2 minutes en remuant régulièrement.
- Retirer du feu et laisser refroidir à température ambiante dans une tasse pendant 10 minutes environ.
- Lorsque la préparation au muscat commence à épaissir, tremper rapidement chaque sucette une première fois dans la préparation au muscat, égoutter chacune soigneusement pour éliminer le surplus, la tremper une seconde fois dans la préparation au muscat puis la rouler immédiatement dans les copeaux de chocolat noir.
- Réserver au réfrigérateur avant de servir.

Exploration

Dans cette recette, c'est la propriété de l'agar-agar de se solubiliser dans l'alcool qui est utilisée. En effet, le muscat est alcoolisé et pourtant l'agar-agar forme un réseau et gélifie le muscat. Il est également possible d'utiliser l'agar-agar avec des préparations acides dans lesquelles il se solubilise. La rapidité de prise en gel de l'agar-agar permet de réaliser des enrobages.

Le précieu
Cristaux de vinaigre de cidre, pommes sautées sur lit de pain d'épices

6 personnes · 20 min de préparation · 30 min de cuisson · 30 min de repos · 30 min de réfrigération

Ingrédients

Pour les cristaux de vinaigre

15 cl de vinaigre de cidre
20 g de cassonade
2 c. à c. de vanille liquide
1 pincée de muscade en poudre
3 g d'agar-agar

Pour les pommes sautées

4 grosses pommes
40 g de beurre salé
40 g de sucre en poudre
6 tranches de pain d'épices

Mode opératoire

Les cristaux de vinaigre de cidre

○ Dans une petite casserole, chauffer le vinaigre de cidre, la cassonade, la vanille liquide et la muscade. Ajouter l'agar-agar en pluie fine et mélanger au fouet, en évitant d'incorporer trop d'air. Porter à ébullition pendant 2 minutes en remuant régulièrement.
○ Retirer du feu et couler la préparation dans un petit moule.
○ Laisser refroidir à température ambiante (30 minutes environ), puis placer au réfrigérateur (30 minutes environ).

Les pommes sautées sur lit de pain d'épices

○ Préchauffer le four à 180 °C.
○ Couper les pommes pelées et épépinées en petits cubes.
○ Dans une poêle, faire fondre le beurre salé et le sucre en poudre à feu moyen. Ajouter les cubes de pomme et laisser cuire 10 minutes en remuant régulièrement.
○ Dans le fond de chaque ramequin, placer une tranche de pain d'épices taillée à la mesure. Ajouter une grosse couche de pommes sautées.
○ Enfourner et laisser cuire pendant 15 minutes.

Les précieux

○ Couper la masse gélifiée de vinaigre en petits cristaux ou la râper sur une râpe à gros trous.
○ Parsemer les ramequins de cristaux de vinaigre et servir.

Exploration

Dans cette recette, c'est la propriété de l'agar-agar de gélifier en milieu acide qui est utilisée. En effet, le pH du vinaigre est acide, et pourtant l'agar-agar forme un réseau et donc gélifie le vinaigre. La propriété cassante de ce gélifiant est également utilisée : une fois le gel formé, il est possible de le briser facilement sous forme de cristaux.

Piña colada
Bonbon gélifié coco-rhum-ananas

20 ● 20 bonbons gélifiés ◔ 15 min de préparation ◔ 10 min de cuisson ◕ 40 min de repos ◑ 30 min de réfrigération

Ingrédients

10 cl de lait de coco
10 g de sucre en poudre
0,7 g d'agar-agar
8 cl de rhum blanc ou ambré
0,4 g d'agar-agar
10 cl de pur jus d'ananas
0,7 g d'agar-agar
Sucre de canne en poudre

Mode opératoire

○ Dans une petite casserole, chauffer le lait de coco et le sucre en poudre à feu moyen. Ajouter l'agar-agar en pluie fine et mélanger au fouet, en évitant d'incorporer trop d'air. Porter à ébullition pendant 2 minutes en remuant régulièrement. Retirer du feu et couler la préparation dans un moule carré de 10 cm de côté environ. Laisser refroidir à température ambiante.

○ 4 minutes après avoir coulé la préparation au lait de coco, chauffer le rhum à feu moyen. Ajouter l'agar-agar selon le même procédé. Porter à ébullition pendant 2 minutes en remuant régulièrement. Retirer du feu. Refroidir la préparation quelques secondes en la remuant puis la couler délicatement par-dessus le lait de coco à peine gélifié. Laisser refroidir à température ambiante.

○ 5 minutes après avoir coulé la préparation au rhum, chauffer le jus d'ananas à feu moyen. Ajouter l'agar-agar selon le même procédé. Porter à ébullition pendant 2 minutes en remuant régulièrement. Retirer du feu. Refroidir la préparation quelques secondes en la remuant et la laisser reposer 3 minutes à température ambiante avant de la couler très délicatement (en filet) par-dessus le rhum à peine gélifié. Laisser refroidir à température ambiante (30 minutes environ), puis placer au réfrigérateur (au moins 30 minutes).

○ Démouler la masse gélifiée (en s'aidant d'un couteau pour décoller les bords). La découper en petits rectangles.

○ Saupoudrer de sucre de canne et servir immédiatement.

Exploration

Dans cette recette, c'est la propriété de l'agar-agar de gélifier rapidement qui est utilisée. En effet, grâce à une prise en gel à 35 °C, il est possible d'assembler rapidement différentes préparations. Cette recette joue avec les températures de prise et de fonte des gels d'agar-agar et nécessite d'être précis sur les temps de refroidissement : si les préparations sont trop chaudes, elles se mélangeront entre elles ; si elles sont trop froides, elles n'adhéreront pas entre elles.

Canard gastronome
Effiloché de confit de canard, spaghetti de gastrique à l'orange

⣿ 6 personnes ⏱ 15 min de préparation ⏱ 15 min de cuisson

Ingrédients

Pour les spaghettis de gastrique à l'orange
15 cl de pur jus d'orange
7,5 cl de vinaigre de vin blanc
75 g de sucre en poudre
4 g de carraghénane

Pour l'effiloché de canard
1 cuisse de canard confite

Mode opératoire

Les spaghettis de gastrique à l'orange
- Dans une casserole, chauffer le sucre en poudre et le vinaigre de vin blanc, à feu moyen, jusqu'au début de la caramélisation (10 minutes environ).
- Hors du feu, ajouter le jus d'orange en mélangeant au fouet (attention aux projections).
- Remettre à chauffer à feu doux. Ajouter le carraghénane en pluie fine et bien mélanger au fouet, en évitant d'incorporer trop d'air.
- Raccorder une seringue (d'une contenance d'au moins 20 ml) à une des extrémités d'un tube en silicone alimentaire (d'une longueur d'1 m).
- Aux premiers frémissements, laisser la casserole sur feu doux et plonger la seconde extrémité du tube dans la casserole afin d'aspirer la gastrique à l'orange à l'aide de la seringue.
- Une fois le tube rempli et tout en maintenant les deux extrémités vers le haut, le plonger dans un bain d'eau très froide (mélange eau + glaçons) quelques secondes.
- Extraire le spaghetti de gastrique refroidi en poussant sur la seringue. Réserver.
- Confectionner rapidement au moins 2 spaghettis supplémentaires selon le même procédé (ne pas hésiter à augmenter le feu sous la gastrique à l'orange pour la liquéfier entre la confection de chaque spaghetti).

L'effiloché de confit de canard
- Désosser et dégraisser la cuisse de canard confite.
- Effilocher la viande de canard récupérée et la chauffer au four à micro-ondes.

Les canards gastronomes
- Servir l'effiloché de confit de canard chaud accompagné d'au moins la moitié d'un spaghetti de gastrique à l'orange coupés en deux.

Remarque : sans seringue ni tube, des tagliatelles de gastrique peuvent être confectionnées en coulant rapidement la préparation (après les premiers frémissements) sur une plaque (sur 1 à 2 mm d'épaisseur), en laissant refroidir à température ambiante (10 minutes environ), puis en découpant au couteau des lanières de gelée de gastrique à l'orange.

Exploration

Dans cette recette, c'est la propriété d'élasticité des gels de carraghénane qui est utilisée. D'une part, cette élasticité induit une bonne résistance à la déformation. D'autre part, la présence de sucre dans la préparation augmente l'élasticité du gel. La manipulation des spaghettis est donc facilitée. De plus, les gels de carraghénane tiennent jusqu'à 65 °C, ils peuvent donc être servis sur des préparations chaudes. Pour des préparations très riches en sucre (comme le caramel), il est nécessaire de les diluer dans suffisamment d'eau (du jus d'orange par exemple) pour permettre la solubilisation du carraghénane.

Bleu-manger minute
Flan coco, spaghetti de curaçao

6 personnes 15 min de préparation 10 min de cuisson 20 min de repos 30 min de réfrigération

Ingrédients

Pour les flans coco
150 g de lait concentré sucré
30 cl de lait de coco
30 g de noix de coco râpée
5 g de carraghénane

Pour les spaghettis de curaçao
20 cl de curaçao
4 g de carraghénane

Mode opératoire

Les flans coco
o Dans une casserole, chauffer le lait de coco et le lait concentré sucré. Ajouter le carraghénane en pluie fine et bien mélanger au fouet, en évitant d'incorporer trop d'air.
o Aux premiers frémissements, ajouter la noix de coco râpée, puis retirer du feu et couler rapidement la préparation dans 6 petits moules individuels.
o Laisser refroidir à température ambiante (20 minutes environ), puis placer au réfrigérateur (30 minutes environ).

Les spaghettis de curaçao
o Dans une petite casserole, chauffer le curaçao. Ajouter le carraghénane en pluie fine et bien mélanger au fouet, en évitant d'incorporer trop d'air.
o Raccorder une seringue (d'une contenance d'au moins 20 ml) à une des extrémités d'un tube en silicone alimentaire (d'une longueur d'1 m).
o Aux premiers frémissements, baisser le feu (doux) et plonger la seconde extrémité du tube dans la casserole afin d'aspirer le curaçao à l'aide de ` seringue.
o Une fois le tube rempli et tout en maintenant les deux extrémités vers le haut, le plonger dans un bain d'eau très froide (mélange eau + glaçons) quelques secondes.
o Extraire le spaghetti de curaçao refroidi en poussant sur la seringue. Réserver.
o Confectionner rapidement au moins 2 spaghettis supplémentaires selon le même procédé (ne pas hésiter à augmenter le feu sous la préparation au curaçao pour la liquéfier entre la confection de chaque spaghetti).

Les bleus-mangers minute
o Démouler les flans coco, les garnir chacun d'au moins la moitié d'un spaghetti de curaçao et servir.

Remarque : sans seringue ni tube, des tagliatelles de curaçao peuvent être confectionnées en coulant rapidement la préparation au curaçao (après les premiers frémissements) sur une plaque (sur 1 à 2 mm d'épaisseur), en laissant refroidir à température ambiante (10 minutes environ), puis en découpant au couteau des lanières de gelée de curaçao.

Exploration

Dans cette recette, c'est la propriété du carraghénane de se solubiliser dans l'alcool qui est utilisée. En effet, le curaçao est alcoolisé et pourtant le carraghénane forme un réseau et gélifie le curaçao. Les propriétés d'élasticité (pour la formation des spaghettis) et de gélification rapide (pour la prise du flan) de ce gélifiant sont également utilisées. De plus, l'utilisation du carraghénane est adaptée pour gélifier des préparations contenant des produits laitiers.

Un peu comme un *Pim's*® balsam
Génoise chocolatée, gelée de vinaigre balsamique

6 Pim's — 25 min de préparation — 20 min de cuisson — 1 h 50 min de repos

Ingrédients

Pour la génoise chocolatée

3 blancs d'œufs + 4 jaunes

40 g de sucre en poudre
  +1 c. à c.

35 g de cassonade

75 g de farine

35 g de beurre fondu

200 g de chocolat noir pâtissier

Pour la gelée de vinaigre balsamique

25 cl de vinaigre balsamique

5 g de carraghénane

Mode opératoire

La génoise chocolatée

○ Préchauffer le four à 200 °C.

○ Disposer une feuille de papier cuisson sur une plaque et la badigeonner d'un peu de beurre fondu.

○ Fouetter les jaunes d'œufs avec le sucre en poudre et la cassonade pendant 5 minutes. Incorporer délicatement la farine à l'aide d'une spatule, puis le beurre fondu restant.

○ Monter les blancs en neige et ajouter la cuillerée de sucre à la fin.

○ Verser les blancs en neige sur les jaunes d'œufs. Mélanger délicatement la pâte à la spatule.

○ Répartir la pâte sur la plaque du four sur 1 cm d'épaisseur environ. Enfourner et cuire pendant 10 minutes.

○ Retourner la génoise sur une plaque légèrement huilée. La couvrir d'un linge propre et la laisser refroidir à température ambiante (30 minutes environ).

○ Faire fondre le chocolat noir au bain-marie.

○ Découper 12 cercles de 5 cm de diamètre dans la génoise.

○ Les badigeonner de chocolat noir fondu à l'aide d'un pinceau.

○ Laisser durcir dans un endroit frais (1 heure environ).

La gelée de vinaigre balsamique

○ Dans une petite casserole, chauffer le vinaigre balsamique. Ajouter le carraghénane en pluie fine et bien mélanger au fouet, en évitant d'incorporer trop d'air.

○ Aux premiers frémissements, retirer du feu et couler rapidement la préparation dans un moule sur 0,5 cm d'épaisseur environ.

○ Laisser refroidir à température ambiante (20 minutes environ).

Les *Pim's* balsam

○ Assembler les cercles de génoise chocolatée 2 à 2 fourrés d'un cercle de gelée de vinaigre balsamique de même diamètre puis servir.

Exploration

Dans cette recette, c'est la propriété du carraghénane de gélifier en milieu acide qui est utilisée. En effet, le pH du vinaigre est acide, et pourtant le carraghénane forme un réseau et donc gélifie le vinaigre. Il est également possible d'utiliser l'agar-agar avec des préparations acides dans lesquelles il se solubilise.

Sukiyaki et Cie
Saumon cru-gelée de soja sucrée. Avocat-gelée balsam banane

30 ● 30 bonbons ◖ 30 min de préparation ◷ 10 min de cuisson ● 40 min de repos

Ingrédients

Pour la gelée de sauce soja sucrée
5 cl d'eau
2,5 cl de sauce soja
2,5 cl de sirop de sucre de canne
2 g de carraghénane

Pour la gelée balsam-banane
7 cl de jus de banane
3 cl de vinaigre balsamique
2 g de carraghénane

Pour les sukiyakis et Cie
200 g de pavé de saumon
1 avocat

Mode opératoire

La gelée de sauce soja sucrée
o Mélanger la sauce soja et le sirop de sucre de canne.
o Dans une petite casserole, chauffer l'eau. Ajouter le carraghénane en pluie fine et bien mélanger au fouet, en évitant d'incorporer trop d'air.
o Aux premiers frémissements, ajouter le mélange sauce soja–sirop de sucre de canne en mélangeant vigoureusement au fouet. Retirer du feu et couler rapidement la préparation dans un moule à fond plat (de 10 cm de côté environ).
o Laisser refroidir à température ambiante (20 minutes environ).

La gelée de vinaigre balsamique-banane
o Dans une petite casserole, chauffer le jus de banane et le vinaigre balsamique. Ajouter le carraghénane en pluie fine et bien mélanger au fouet, en évitant d'incorporer trop d'air.
o Aux premiers frémissements, retirer du feu et couler rapidement la préparation dans un moule à fond plat (de 10 cm de côté environ).
o Laisser refroidir à température ambiante (20 minutes environ).

Les sukiyakis et Cie
o Ôter la peau du pavé de saumon et enlever les arêtes. Le découper en tranches de 7 mm d'épaisseur environ, puis en morceaux de la forme voulue (carré, rectangulaire, rond, etc.). Répéter l'opération avec l'avocat pelé et dénoyauté.
o Découper les gelées précédentes en morceaux de même taille.
o Assembler les morceaux de saumon et de gelée de sauce soja sucrée à votre convenance. Répéter l'opération avec les morceaux d'avocat et de gelée de vinaigre balsamique-banane.
o Servir avec des pics en bois.

Exploration

Le carraghénane, insoluble dans la sauce soja et le sirop de sucre de canne, est solubilisé en deux temps. Le carraghénane est d'abord solubilisé dans l'eau. Puis le mélange sauce soja-sirop de sucre de canne est ajouté progressivement. Cette technique de solubilisation en deux temps permet de gélifier des préparations dans lesquelles le carraghénane ne se solubilise pas bien.

Bulle de rosée
Sphère de jus de litchi, crème de brebis à la framboise et à la rose

12 • 12 sphères 🕐 15 min de préparation 🕐 30 min de repos 2🕐 2 h de congélation (facultatif)

Ingrédients

**Pour la crème de brebis
à la framboise et à la rose**
100 g de ricotta de brebis
50 g de coulis de framboises
10 g de sucre en poudre
½ c. à c. d'eau de rose

Pour le bain de calcium
30 cl d'eau
3 g de sel de calcium

Pour les sphères de jus de litchi
10 cl de jus de litchi
1 g d'alginate de sodium

Mode opératoire

La crème de brebis à la framboise et à la rose
o Mélanger la ricotta de brebis, le coulis de framboises, le sucre en poudre et l'eau de rose.
o Déposer une petite quantité de la préparation dans chaque cuillère de service et réserver au réfrigérateur.

Le bain de calcium
o Mélanger le sel de calcium à l'eau en fouettant jusqu'à complète dissolution de la poudre. Laisser reposer 30 minutes.

Les sphères de jus de litchi
o Verser l'alginate de sodium en pluie fine dans le jus de litchi, tout en fouettant vigoureusement jusqu'à complète dissolution de la poudre (3 minutes environ). Laisser reposer 30 minutes.
o Remplir des petits moules demi-sphériques (3 cm de diamètre environ) de la préparation et les placer au congélateur au moins 2 heures (cette opération est destinée à obtenir des sphères homogènes ; il est possible de réaliser des sphères sans congélation en utilisant une cuillère incurvée pour plonger la préparation d'un geste rapide dans le bain de calcium).
o Plonger les demi-sphères congelées ou une cuillère de la préparation au litchi dans le bain de calcium pendant 1 minute environ (les sphères ne doivent pas coller aux parois du récipient ni flotter en surface, pour que la gélification soit uniforme). Les plonger ensuite délicatement dans un bain d'eau claire (l'utilisation d'une cuillère percée est conseillée pour la manipulation des sphères et un meilleur égouttage).

Les bulles de rosée
o Placer délicatement une sphère dans chaque cuillère de service et laisser décongeler à température ambiante si nécessaire.
o Servir les cuillères en informant les convives de consommer leur contenu en une bouchée.

Attention : jeter les préparations à base d'alginate de sodium dans la poubelle et non dans les canalisations pour ne pas les obstruer.

Exploration

Dans cette recette, l'alginate de sodium est solubilisé dans le jus de litchi. Lorsque la préparation au litchi est plongée dans le bain de calcium, une pellicule gélifiée se forme instantanément en surface et permet de sphérifier la préparation. Bien que les sphères soient rincées à l'eau, il reste toujours du calcium en surface : il va continuer à progresser vers l'intérieur. On obtiendra, avec le temps, une sphère totalement gélifiée.

Shot ball
Sphère pomme-caramel, vodka

12 sphères   20 min de préparation   30 min de repos   2 h de congélation

Ingrédients

Pour le bain de calcium
30 cl d'eau
3 g de sel de calcium

Pour les sphères pomme-caramel
20 cl de pur jus de pomme
5 cl de sirop de caramel
2,6 g d'alginate de sodium

Pour les shots balls
Vodka

Mode opératoire

Le bain de calcium
- Mélanger le sel de calcium à l'eau en fouettant jusqu'à complète dissolution de la poudre.
- Laisser reposer 30 minutes.

Les sphères pomme-caramel
- Mélanger le jus de pomme et le sirop de caramel. Verser l'alginate de sodium en pluie fine dans le mélange pomme-caramel, tout en fouettant vigoureusement jusqu'à complète dissolution de la poudre (3 minutes environ). Laisser reposer 30 minutes.
- Remplir des petits moules demi-sphériques (3 cm de diamètre environ) de la préparation, et les placer au congélateur au moins 2 heures (la texture fluide de la préparation ne permet pas d'obtenir de belles sphères sans étape de congélation).
- Plonger les demi-sphères congelées dans le bain d'alginate de sodium pendant 2 minutes environ, en évitant qu'elles ne se touchent entre elles et en les retournant délicatement au bout de 1 minute (les sphères ne doivent pas coller aux parois du récipient ni flotter en surface pour que la gélification soit uniforme). Les plonger ensuite délicatement dans un bain d'eau claire (l'utilisation d'une cuillère percée est conseillée pour la manipulation des sphères et un meilleur égouttage).

Les shots balls
- Placer délicatement une sphère pomme-caramel dans chaque verre à shot rempli à moitié de vodka et la laisser décongeler à température ambiante.
- Servir les shots balls en conseillant aux convives de boire la vodka, puis de faire claquer la sphère en bouche.

Attention : jeter les préparations à base d'alginate de sodium dans la poubelle et non dans les canalisations pour ne pas les obstruer.

Exploration

Dans cette recette, l'alginate de sodium est solubilisé dans le mélange jus de pomme-caramel. Lorsque les demi-sphères congelées sont plongées dans le bain de calcium, une pellicule gélifiée se forme instantanément en surface et permet de sphérifier la préparation. Bien que les sphères soient rincées à l'eau, il reste toujours du calcium en surface : il va continuer à progresser vers l'intérieur. On obtiendra une sphère totalement gélifiée.

Huître coquette
Perle de vinaigre de framboise, huître fraîche

6 personnes   15 min de préparation   30 min de repos

Ingrédients

Pour le bain de calcium
30 cl d'eau
3 g de sel de calcium

Pour les perles de vinaigre
5 cl de vinaigre de framboise
10 cl d'eau pauvre en calcium
  (60 mg/l environ)
2 cl de sirop de sucre de canne
1,7 g d'alginate de sodium
3 gouttes de colorant alimentaire
  rouge

Pour les huîtres
3 douzaines d'huîtres

Mode opératoire

Le bain de calcium
○ Mélanger le sel de calcium à l'eau en fouettant jusqu'à complète dissolution de la poudre.
○ Laisser reposer 30 minutes.

Les perles de vinaigre de framboise
○ Mélanger l'eau pauvre en calcium et le sirop de sucre de canne. Verser l'alginate de sodium en pluie fine dans le mélange, tout en fouettant vigoureusement jusqu'à complète dissolution de la poudre (3 minutes environ).
○ Ajouter le vinaigre de framboise par petites quantités en fouettant de nouveau, puis le colorant alimentaire rouge. Laisser reposer 30 minutes.
○ Un peu avant de servir, fouetter de nouveau la préparation au vinaigre pour la liquéfier, puis la prélever à l'aide d'une seringue ou d'une pipette et la verser goutte à goutte dans le bain de calcium. Après quelques secondes, récupérer les perles formées à l'aide d'une cuillère percée ou d'une petite passoire, puis les rincer dans un bain d'eau claire.

Les huîtres coquettes
○ Disposer, à l'intérieur de chaque huître ouverte, une ou plusieurs perles de vinaigre selon leur taille puis servir immédiatement.

Attention : jeter les préparations à base d'alginate de sodium dans la poubelle et non dans les canalisations pour ne pas les obstruer.

Exploration

Dans cette recette, la préparation à sphérifier est acide (à base de vinaigre). L'alginate de sodium, inso-luble dans les préparations acides, est solubilisé en deux temps. L'alginate de sodium est solubilisé dans de l'eau. Puis le vinaigre est ajouté progressivement, ce qui diminue lentement l'acidité de la préparation contenant de l'alginate de sodium. Cette technique de solubilisation en deux temps permet de sphérifier des préparations acides.

Tiramisu d'Anette
Perle de café-amaretto, crème au mascarpone sur biscuits cuillers

6 personnes ◖ 30 min de préparation ◖ 30 min de repos ◈ 3 h de réfrigération

Ingrédients

Pour la crème au mascarpone
250 g de mascarpone
40 g de sucre en poudre
2 œufs
2 c. à s. de marmelade d'orange
12 biscuits cuillers
Cacao en poudre (facultatif)
Sel

Pour le bain de calcium
30 cl d'eau
3 g de sel de calcium

Pour les perles de café
10 cl de café fort (expresso)
2 cl d'amaretto
0,6 g d'alginate de sodium

Mode opératoire

La crème au mascarpone sur biscuits cuillers
- Dans un saladier, mélanger au fouet les jaunes d'œufs avec le sucre en poudre jusqu'à ce que le mélange blanchisse.
- Dans un autre saladier, travailler le mascarpone à la cuillère en bois jusqu'à obtenir une texture lisse. Ajouter le mélange jaunes-sucre et la marmelade d'orange. Mélanger et réserver.
- Monter les blancs en neige avec une pincée de sel.
- Ajouter ¼ des blancs en neige à la préparation au mascarpone en mélangeant vigoureusement avec la cuillère en bois. Puis ajouter le reste des blancs en neige, par petites quantités, en soulevant la préparation et en la rabattant délicatement sur les blancs.
- Disposer 2 biscuits cuillers dans chacun des 6 ramequins. Ajouter une couche épaisse de crème au mascarpone.
- Réserver au réfrigérateur pendant au moins 3 heures.

Le bain de calcium
- Mélanger le sel de calcium à l'eau en fouettant jusqu'à complète dissolution de la poudre. Laisser reposer 30 minutes.

Les perles de café-amaretto
- Verser l'alginate de sodium en pluie fine dans le café chaud en fouettant vigoureusement jusqu'à complète dissolution de la poudre (3 minutes).
- Ajouter l'amaretto en fouettant à nouveau. Laisser reposer 30 minutes.
- Un peu avant de servir, prélever la préparation au café à l'aide d'une seringue ou d'une pipette et la verser goutte à goutte dans le bain de calcium. Après quelques secondes, récupérer les perles formées à l'aide d'une cuillère percée ou d'une petite passoire, puis les rincer dans un bain d'eau claire.

Les tiramisus d'Anette
- Saupoudrer les ramequins de cacao en poudre puis les servir accompagnés d'une petite quantité de perles de café-amaretto.

Attention : jeter les préparations à base d'alginate de sodium dans la poubelle et non dans les canalisations pour ne pas les obstruer.

Exploration

La préparation à sphérifier est alcoolisée (à base d'amaretto). L'alginate de sodium est insoluble dans les préparations alcoolisées. Deux méthodes peuvent alors être proposées :
- Solubiliser l'alginate de sodium en deux temps : l'alginate de sodium est solubilisé dans le café chaud, puis l'amaretto est ajouté progressivement (méthode utilisée pour les préparations acides également).
- Évaporer l'alcool : l'amaretto est chauffé avec le café ; la teneur en alcool de ce dernier est diminuée, ce qui permet de solubiliser directement l'alginate de sodium.

Tzatziki maboul
Sphère de yaourt grec, concombre

12 sphères ● 20 min de préparation ● 45 min de repos ● 2 h de congélation (facultatif)

Ingrédients

Pour le bain d'alginate de sodium
30 cl d'eau pauvre en calcium
  (60 mg/l environ)
1,5 g d'alginate de sodium

Pour le concombre
1 concombre
1 c. à s. d'huile d'olive
1 ou 2 c. à s. de jus de citron
Gros sel

Pour les sphères de yaourt grec
1 yaourt grec
1 grosse gousse d'ail
Sel, poivre

Mode opératoire

Le bain d'alginate de sodium
- Verser l'alginate de sodium en pluie fine dans l'eau pauvre en calcium, tout en fouettant vigoureusement jusqu'à complète dissolution de la poudre (3 minutes environ). Laisser reposer 30 minutes.

Le concombre
- Éplucher et épépiner le concombre, puis le râper grossièrement ou le tailler en très fines lamelles. Saler et laisser dégorger le concombre au moins 15 minutes. Le rincer légèrement et l'essorer.
- Ajouter l'huile d'olive et le jus de citron. Rectifier l'assaisonnement.
- Déposer une petite quantité de concombre dans chaque cuillère de service et réserver au réfrigérateur.

Les sphères de yaourt grec
- Éplucher, dégermer et râper la gousse d'ail. L'ajouter au yaourt grec. Saler, poivrer et mélanger.
- Remplir des petits moules demi-sphériques (3 cm de diamètre environ) de la préparation au yaourt grec et les placer au congélateur au moins 2 heures (cette opération est destinée à obtenir des sphères homogènes ; il est possible de réaliser des sphères sans congélation en utilisant une cuillère incurvée pour plonger la préparation d'un geste rapide dans le bain d'alginate de sodium).
- Plonger les demi-sphères congelées ou une cuillère de la préparation au yaourt dans le bain d'alginate de sodium pendant au moins 30 secondes, en évitant qu'elles ne se touchent entre elles (l'utilisation d'une cuillère percée est conseillée pour la manipulation des sphères et un meilleur égouttage).

Le tzatziki maboul
- Placer délicatement une sphère de yaourt grec dans chaque cuillère de service et laisser décongeler à température ambiante si nécessaire.
- Servir les cuillères en informant les convives de consommer leur contenu en une bouchée.

Attention : jeter les préparations à base d'alginate de sodium dans la poubelle et non dans les canalisations pour ne pas les obstruer.

Exploration

Dans cette recette, le yaourt grec est utilisé pour sa richesse naturelle en calcium. Lorsque la préparation à base de yaourt est plongée dans le bain d'alginate de sodium, une pellicule gélifiée se forme instantanément en surface et permet de sphérifier la préparation. Une fois la sphère sortie du bain d'alginate de sodium, la pellicule gélifiée n'évolue plus. Grâce à cette technique de sphérification inversée, on obtient une sphère de yaourt grec au cœur liquide.

Lassi
Sphère de yaourt à la cardamome, tartare de mangue

12 ● 12 sphères ◔ 15 min de préparation ◗ 30 min de repos 2 ⊛ 2 h de congélation (facultatif)

Ingrédients

Pour le bain d'alginate de sodium
30 cl d'eau pauvre en calcium
  (60 mg/l environ)
1,5 g d'alginate de sodium

Pour le tartare de mangue
1 mangue bien mûre

Pour les sphères de yaourt
1 yaourt nature velouté
5 g de sucre en poudre
1 pincée de cardamome en
  poudre

Mode opératoire

Le bain d'alginate de sodium
- Verser l'alginate de sodium en pluie fine dans l'eau pauvre en calcium, tout en fouettant vigoureusement jusqu'à complète dissolution de la poudre (3 minutes environ).
- Laisser reposer 30 minutes.

Le tartare de mangue
- Éplucher la mangue et tailler la chair en petits cubes.
- Déposer une petite quantité de mangue dans chaque cuillère de service et réserver au réfrigérateur.

Les sphères de yaourt à la cardamome
- Mélanger le yaourt, le sucre en poudre et la pincée de cardamome.
- Remplir des petits moules demi-sphériques (3 cm de diamètre environ) de la préparation au yaourt et les placer au congélateur au moins 2 heures (cette opération est destinée à obtenir des sphères homogènes ; il est possible de réaliser des sphères sans congélation en utilisant une cuillère incurvée pour plonger la préparation d'un geste rapide dans le bain d'alginate de sodium).
- Plonger les demi-sphères congelées ou une cuillère de la préparation au yaourt dans le bain d'alginate de sodium pendant au moins 30 secondes, en évitant qu'elles ne se touchent entre elles (l'utilisation d'une cuillère percée est conseillée pour la manipulation des sphères et un meilleur égouttage).

Les lassis
- Placer délicatement une sphère dans chaque cuillère de service et laisser décongeler à température ambiante si nécessaire.
- Servir les cuillères en informant les convives de consommer leur contenu en une bouchée.

Attention : jeter les préparations à base d'alginate de sodium dans la poubelle et non dans les canalisations pour ne pas les obstruer.

Exploration

Le yaourt est utilisé pour sa richesse naturelle en calcium. Lorsque la préparation à base de yaourt est plongée dans le bain d'alginate de sodium, une pellicule gélifiée se forme instantanément en surface et permet de sphérifier la préparation. Une fois la sphère sortie du bain d'alginate de sodium, la pellicule gélifiée n'évolue plus. Grâce à cette technique de sphérification inversée, on obtient une sphère de yaourt au cœur liquide.

Chorizo a la sidra
Sphère de chorizo, cidre brut

12 ● 12 sphères ◔ 20 min de préparation ◔ 5 min de cuisson ◖ 30 min de repos ◎ 2 h de congélation

Ingrédients

Pour le bain d'alginate de sodium
30 cl d'eau pauvre en calcium
  (60 mg/l environ)
1,5 g d'alginate de sodium

Pour les sphères de chorizo
20 cl de crème liquide légère
60 g de chorizo « fort »

Pour le chorizo a la sidra
1 bouteille de cidre brut

Mode opératoire

Le bain d'alginate de sodium
- Verser l'alginate de sodium en pluie fine dans l'eau pauvre en calcium, tout en fouettant vigoureusement jusqu'à complète dissolution de la poudre (3 minutes environ).
- Laisser reposer 30 minutes.

Les sphères de chorizo
- Couper le chorizo en petits morceaux.
- Dans une petite casserole, chauffer la crème liquide avec le chorizo. Aux premiers frémissements, retirer du feu et mixer. Laisser refroidir à température ambiante (20 minutes environ), puis passer au chinois.
- Remplir des petits moules demi-sphériques (3 cm de diamètre environ) de la préparation et les placer au congélateur au moins 2 heures (la texture fluide de la préparation ne permet pas d'obtenir de belles sphères sans étape de congélation).
- Plonger les demi-sphères congelées dans le bain d'alginate de sodium pendant 2 minutes environ, en évitant qu'elles ne se touchent entre elles et en les retournant délicatement au bout de 1 minute (l'utilisation d'une cuillère percée est conseillée pour la manipulation des sphères et un meilleur égouttage).
- Placer délicatement chaque sphère de chorizo dans une cuillère de service et laisser décongeler à température ambiante.

Le chorizo a la sidra
- Servir les cuillères accompagnées d'un verre de cidre brut bien frais, en informant les convives de consommer les sphères de chorizo en une bouchée.

Attention : jeter les préparations à base d'alginate de sodium dans la poubelle et non dans les canalisations pour ne pas les obstruer.

Exploration

Dans cette recette, la crème est utilisée pour sa richesse naturelle en calcium. Lorsque la préparation à base de crème est plongée dans le bain d'alginate de sodium, une pellicule gélifiée se forme instantanément en surface et permet de sphérifier la préparation. Une fois la sphère sortie du bain d'alginate de sodium, la pellicule gélifiée n'évolue plus. Grâce à cette technique de sphérification inversée, on obtient une sphère de crème au chorizo avec un cœur liquide.

The Dude's White Russian
Sphère de crème à la liqueur de café, vodka

12 ● 12 sphères　　15 min de préparation　　30 min de repos　2 ● 2 h de congélation

Ingrédients

Pour le bain d'alginate de sodium
30 cl d'eau pauvre en calcium
  (60 mg/l environ)
1,5 g d'alginate de sodium

**Pour les sphères de crème
à liqueur de café**
60 g de crème épaisse légère
  (15 % de matières grasses)
4 cl de liqueur de café
  (type Kahlua®)

Pour The Dude's White Russian
Vodka

Mode opératoire

Le bain d'alginate de sodium
○ Verser l'alginate de sodium en pluie fine dans l'eau pauvre en calcium, tout en fouettant vigoureusement jusqu'à complète dissolution de la poudre (3 minutes environ).
○ Laisser reposer 30 minutes.

Les sphères de crème à la liqueur de café
○ Mélanger la crème épaisse légère et la liqueur de café au fouet.
○ Remplir des petits moules demi-sphériques (3 cm de diamètre environ) de la préparation et les placer au congélateur au moins 2 heures (la texture fluide de la préparation ne permet pas d'obtenir de belles sphères sans étape de congélation).
○ Plonger les demi-sphères congelées dans le bain d'alginate de sodium pendant 2 minutes environ, en évitant qu'elles ne se touchent entre elles et en les retournant délicatement au bout de 1 minute (l'utilisation d'une cuillère percée est conseillée pour la manipulation des sphères et un meilleur égouttage).

The Dude's White Russian
○ Placer délicatement une sphère dans chaque verre à shot rempli à moitié de vodka et laisser décongeler à température ambiante.
○ Servir les shots en conseillant aux convives de boire la vodka, puis de faire claquer la sphère en bouche.

Attention : jeter les préparations à base d'alginate de sodium dans la poubelle et non dans les canalisations pour ne pas les obstruer.

Exploration

La crème légère est environ deux fois plus riche en calcium que la crème entière. La crème légère est donc utilisée pour sa richesse naturelle en calcium. La préparation à sphérifier est alcoolisée (à base de liqueur de café) : au-delà d'une certaine quantité d'alcool ajoutée, la pellicule gélifiée sera trop fragile pour réaliser des sphères.

Thaï breizh
Chantilly framboise, cœur de litchi, crumble de palet breton

6 personnes · 10 min de préparation · 2 h de réfrigération

Ingrédients

Pour la chantilly framboise
20 cl de crème liquide entière
  (30 % de matières grasses)
100 g de coulis de framboises
  (sans pépins)
20 g de sucre en poudre

Pour le thaï breizh
6 palets bretons
1 boîte de litchis ou 18 litchis frais

Mode opératoire

La chantilly framboise
- Mélanger la crème liquide entière, le coulis de framboises et le sucre en poudre.
- Introduire la préparation dans le siphon et le placer au réfrigérateur pendant 2 heures.

Les thaï breizh
- Émietter un palet breton dans le fond de chaque verrine, ajouter par-dessus 3 litchis taillés en petits morceaux.
- Introduire 1 ou 2 cartouches de gaz dans le siphon, le secouer fortement (la tête en bas) et recouvrir les litchis de chantilly framboise.
- Servir immédiatement.

Exploration

La crème est une émulsion contenant de la matière grasse épaisse à froid et de l'eau. Elle est stabilisée par des tensioactifs (protéines du lait). Le coulis, composé majoritairement d'eau, est ajouté en quantité suffisante pour aromatiser la crème sans gêner la formation de la chantilly.

En plaçant cette préparation refroidie au siphon, on obtient une crème chantilly. Sans siphon, ce résultat peut être obtenu en refroidissant et en fouettant l'émulsion sur bain de glace (mélange eau + glaçons).

Foamous
Crème chantilly Nutella® glacée

☷ 6 personnes　⏱ 10 min de préparation　⏱ 5 min de cuisson　◑ 30 min de repos　❷❄ 2 h de réfrigération　❹❄ 4 h de congélation

Ingrédients

20 cl de crème liquide entière
　(30 % de matières grasses)
100 g de pâte à tartiner Nutella®
　+ 60 g
6 cônes à glace (facultatif)
Poudre de pralines (facultatif)

Mode opératoire

o Dans une casserole, chauffer la crème liquide entière et le Nutella® à feu moyen en remuant régulièrement jusqu'à ce que le Nutella® ait entièrement fondu.

o Laisser refroidir à température ambiante (30 minutes environ).

o Fouetter de nouveau la préparation pour bien l'homogénéiser et l'introduire dans le siphon.

o Placer le siphon au réfrigérateur pendant 2 heures.

o Introduire 1 ou 2 cartouches de gaz dans le siphon, le secouer fortement (la tête en bas) et le remplir de crème au Nutella®. Puis, procéder en suivant les 2 propositions ci-dessous :

Pour des boules de crème chantilly Nutella® glacée

o Soit un bac à glace : faire filer par-dessus de petites quantités de Nutella® pour créer une marbrure de Nutella® et le placer au congélateur au moins 4 heures. Servir des boules de crème chantilly Nutella® glacée dans des cônes ou dans des coupes à glace.

Pour des bâtons de crème chantilly Nutella® glacée

o Soit des moules à glaces (moules à bâtons glacés, moules à glaces pouss-pouss, ou verres étroits) : ajouter une petite cuillerée de Nutella® au centre pour créer un cœur fondant de Nutella®, planter un pic en bois dans chaque moule si nécessaire et les placer au congélateur au moins 4 heures. Démouler les bâtons de crème chantilly Nutella® glacée en passant rapidement les contenants sous l'eau chaude.

o Saupoudrer de pralines.

o Servir immédiatement.

Exploration

La crème et le Nutella® sont deux émulsions contenant des matières grasses épaisses à froid et de l'eau. Elles sont toutes les deux stabilisées par des tensioactifs (protéines de lait et lécithine de soja contenue dans le Nutella®).

En plaçant cette préparation refroidie au siphon, on obtient une chantilly Nutella®. Sans siphon, ce résultat peut être obtenu en refroidissant et en fouettant l'émulsion sur bain de glace (mélange d'eau + glaçons).

Caoua
Foie gras chantilly, crème de boudin noir aux échalotes

4 personnes • 20 min de préparation • 20 min de cuisson • 2 h de réfrigération

Ingrédients

Pour le foie gras chantilly
100 g de foie gras mi-cuit
7 cl de pur jus de pomme

Pour la crème de boudin noir aux échalotes
2 gros boudins noirs
  (250 g au total)
3 échalotes
3 c. à c. rases de graisse de canard
10 cl de pur jus de pomme
Sel, poivre

Mode opératoire

Le foie gras chantilly
◦ Mixer le foie gras mi-cuit (préalablement ramolli à température ambiante) et le jus de pomme.
◦ Passer la préparation au chinois (la préparation doit être lisse pour ne pas obstruer l'ouverture du siphon).
◦ Introduire la préparation dans le siphon et placer celui-ci au réfrigérateur pendant 2 heures.

La crème de boudin noir aux échalotes
◦ Ciseler les échalotes finement et les saler.
◦ Dans une poêle, les faire suer dans la graisse de canard, à feu doux. Arrêter la cuisson quand elles sont fondantes (10 minutes environ).
◦ Dans la même poêle, faire rissoler de chaque côté les boudins noirs entiers piqués à la fourchette (10 minutes environ).
◦ Enlever la peau des boudins.
◦ Mixer la chair des boudins, les échalotes, le jus de pomme. Poivrer et rectifier l'assaisonnement.

Les caouas
◦ Dans chaque tasse à expresso, verser la crème de boudin noir tiède jusqu'aux trois quarts (si besoin, réchauffer légèrement les tasses au four à micro-ondes).
◦ Introduire 1 ou 2 cartouches de gaz dans le siphon, le secouer fortement (la tête en bas) et déposer une fine couche de foie gras chantilly au-dessus de la crème de boudin noir.
◦ Servir immédiatement.

Exploration

Le mélange foie gras-jus de pomme est une émulsion contenant de la matière grasse épaisse à froid (apportée par le foie gras) et de l'eau (apportée par le jus de pomme).
La faible quantité de tensioactifs ne permet pas de stabiliser suffisamment l'émulsion. L'utilisation du siphon est donc recommandée pour obtenir un foie gras chantilly.

Brasil
Avocat chantilly sur lit de polenta sucrée

6 personnes ⏱ 10 min de préparation ⏱ 10 min de cuisson ❄ 2 h de réfrigération

Ingrédients

Pour l'avocat chantilly
2 avocats bien mûrs
20 cl de jus de kiwi ou de pomme
ou de banane
3 c. à s. de miel liquide
Le jus d'un petit citron
Quelques noix du Brésil ou noix de
cajou

Pour la polenta sucrée
90 g de polenta (semoule de maïs
précuite)
½ l de lait demi-écrémé
50 g de sucre en poudre

Mode opératoire

L'avocat chantilly
- Mixer finement les avocats pelés et dénoyautés, le jus de fruits, le miel liquide et le jus de citron.
- Passer la préparation au chinois (la préparation doit être lisse pour ne pas obstruer l'ouverture du siphon).
- Introduire la préparation dans le siphon et le placer au réfrigérateur pendant 2 heures.

La polenta sucrée
- Dans une casserole, chauffer le lait et le sucre en poudre jusqu'à ébullition. Verser la polenta en pluie fine dans le lait bouillant, tout en fouettant vigoureusement.
- Laisser cuire le temps indiqué sur l'emballage, sans cesser de remuer. Couler rapidement la polenta sucrée dans 6 verrines, sur 1 à 2 cm d'épaisseur.
- Placer au réfrigérateur au moins 2 heures.

Les Brasils
- Introduire 1 ou 2 cartouches de gaz dans le siphon, le secouer fortement (la tête en bas) et remplir les verrines d'avocat chantilly.
- Ajouter quelques morceaux de noix du Brésil concassées par-dessus puis servir.

Exploration

Le mélange d'avocat-jus de fruits est une émulsion contenant de la matière grasse épaisse à froid (apportée par l'avocat) et de l'eau (apportée par le jus de fruits).

La faible quantité de tensioactifs ne permet pas de stabiliser suffisamment l'émulsion. L'utilisation du siphon est donc recommandée pour obtenir un avocat chantilly.

Équivalences
de poids/cuillères doseuses

Chaque cuillère doseuse doit être arasée (cuillère pleine avec surface plane au niveau du rebord) avec une lame de couteau.

Ce système d'équivalences n'est qu'une solution de remplacement. Les poudres n'ayant pas les mêmes caractéristiques (granulométrie par exemple) selon les fournisseurs, nous vous recommandons l'utilisation d'une balance de précision pour les peser.

Laver les cuillères entre et après chaque utilisation.

Exemple de calcul :

◦ Sachant que :

0,8 % signifie 0,8 g de poudre pour 100 g de préparation, combien de grammes d'agar-agar faut-il utiliser pour 300 g de préparation ?

- 0,8 g d'agar-agar correspond à 100 g de préparation ;
- si X g d'agar-agar correspondent à 300 g de préparation, on a :

$X/0,8 = 300/100$, d'où : $X = (300/100) \times 0,8 = 2,4$ g.

En se référant au tableau des équivalences, on peut mesurer 2,4 g d'agar-agar en utilisant :

1 cuillère de 0,63 ml + 1 cuillère de 1,25 ml + 1 cuillère de 2,5 ml.

Le tableau des équivalences poids en grammes/cuillères doseuses

(en g)	Cuillère 0,63 ml 1/8 teaspoon	Cuillère 1,25 ml 1/4 teaspoon	Cuillère 2,5 ml 1/2 teaspoon
Agar-agar	0,4	0,6	1,4
Alginate de sodium	0,6	0,8	1,9
Sel de calcium	0,5	0,7	1,5
Carraghénane	0,6	0,9	2

Index
des recettes

Remerciements & Shopping

Les auteurs tiennent à remercier :
Laurence Liénard et Grégory Blouin pour leur soutien, leur disponibilité
et leurs précieux conseils,
Pierre Paugam et Gilles Galou pour leur intervention très inspirée,
et Lelu pour avoir prêté du matériel.

Pour se fournir en ingrédients :

www.cuisine-innovation.com

Conception graphique : Jean-Charles Titren - www.titren.com

Dépôt légal : octobre 2009
Imprimé en Chine par Leo Paper
ISBN 978-2-501-06013-4
4046827/01